Palabras entrelazadas

Daniela Becerra | María Eugenia Falomir

Sandra García Bringas Albert | Raquel Stolarski

Marina Talanquer | Laura Vit

MASTODONTE

Palabras entrelazadas

D. R. © Daniela Becerra, 2020
D. R. © María Eugenia Falomir, 2020
D. R. © Sandra García Bringas Albert, 2020
D. R. © Raquel Stolarski, 2020
D. R. © Marina Talanquer, 2020
D. R. © Laura Vit, 2020
D. R. © Carmen Castillo Cisneros (*Prólogo*), 2020

Ediciones Mastodonte
Av. 1. Núm. 65, San Pedro de los Pinos
C. P. 03800, Benito Juárez, CDMX
monica@braunediciones.com

Edición
Mónica Braun

Diseño
Guillermo Serrano

Lectura de pruebas
Rafael Alejandro González Alva

Desarrollo de *ebook*
Arnulfo Estrada

ISBN: 978-607-99037-3-2

Índice

Prólogo

La recolección como oficio femenino ha demostrado un dinamismo extraordinario. Otrora recolectamos frutos para la supervivencia de nuestras crías y de la especie misma; hoy, en ese quehacer, y siguiendo su instinto de resistencia, seis mujeres no dan tregua a la ancestral recolecta de un diálogo interior que enhebran con fina aguja de tinta para bordar las palabras de su propia salvación.

Rozan los filos y a veces el núcleo mismo del miedo.

Experimentan sueños lúcidos a modo de colectiva iniciación chamánica y, más que escritos acabados, sus letras van erigiendo tendederos de palabras impolutas talladas a mano en espera de soles cálidos con efecto vaporizador.

Daniela, Maru, Raquel, Sandra, Marina y Laura urden con sus letras las cicatrices de una pandemia prolongada. Con cada puntada nos regalan además estampas escénicas de sus mundos, unos que implican cambios de altura, verticales barrancas, jardines secretos o la contemplación de una ingobernable urbe suspendida.

Sin soltar la pluma, escriben de cuerpo entero tejiendo con ello un lienzo que guarda el olor del atávico panqué que cada martes marcaba el inicio de la colecta como oficio inmemorial compartido.

Carmen Castillo Cisneros

Abril

12 de abril de 2020

Laura

Aquel martes pasaban de las tres cuando las acompañé al elevador. A pesar de las horas juntas, seguíamos hablando. Las puertas se cerraron y fui perdiendo sus voces, dejé de distinguir las palabras. Hasta entonces pangolín, cubrebocas o camas reconvertidas no formaban parte esencial de nuestra habla.

Tardamos en darnos cuenta de que un virus, prodigio evolutivo, perfeccionado en invadir células vivas gracias a sus mecanismos moleculares, cambiaba el mundo. Extendía su garra sofocante en China, mientras cada una de nosotras disfrutaba de los últimos días de las vacaciones navideñas. Yo logré reunir a mi familia en Oaxaca, ciudad de ciudades, sinónimo de colores, sabores morenos, aromas y gentío. Multitudes en plazas, mercados, callejones de humo, altares ahítos de oro. Días soleados e inocentes, ajenos al horror que nos invadiría. ¿Dónde andarán mis amigas escritoras?, me preguntaba de tanto en tanto.

14 de abril

Daniela

Miro con nostalgia mi último encuentro con las escritoras. Igual que añoro ya el 8 de marzo. Como si estas semanas que me separan de ese día se hubieran convertido en meses o hasta en años. Traigo de nuevo las consignas gritadas al unísono, caminando por las calles de nuestras respectivas ciudades. Paliacates verdes y morados. Recuerdo con cuánto esmero dibujé mi pancarta, cómo la alzaba, orgullosa, y me confundía con mujeres jóvenes y mayores. Al final, nos acostamos sobre la piedra fría de la plaza principal hasta dejarnos cubrir por un manto de silencio. Las cabezas muy cerca. Nuestras voces calladas, las mismas. Al despedirme de mis compañeras de marcha, olvidé que existía este virus recién llegado a nuestro país y las abracé.

No había otro modo de despedirnos.

Ignorábamos que pronto los abrazos estarían prohibidos.

Sandra

Aquella tarde el elevador se abrió como cofre lleno de voces que nos arrebatamos en ese último espacio de encuentro que prometía repetirse como cada semana.

Cómo nos gustan las palabras.

Palabras que echaron a correr cuando las puertas se abrieron para dejarnos ir.

Solo que esa vez, por demasiado tiempo.

Marina

A partir de entonces, todas esas palabras compartidas se buscan con ahínco. Se buscan y se encuentran en otros mundos, con otro sino.

Daniela

Se buscan palabras entre los planes cancelados, los viajes arrumbados y los besos perdidos. ¿Cómo harán para encontrarse, para no ser sacudidas o aspiradas, para no tornarse en pesadillas?

Marina

En ocasiones, muchas de esas palabras les estallan en la cara, otras, solo callan. ¿Quién de las escritoras volverá a darles sentido? ¿Lo hará alguna? O quizá todas. Cuántas cosas que ya han sido no serán. Cuántos silencios habrán de moldear.

Maru

¿Cuánto ruido tendrá que aquietarse para que las palabras no se escapen mientras se mece a un niño? ¿Cuánta paciencia se necesita para tender la ropa lavada que agita el ventarrón de una Semana Santa? Obligadas a guardarnos, tendremos que esperar el poema de la mañana, la reflexión del día y el cansancio vespertino, hasta que volvamos a encontrarnos.

15 de abril

Raquel

Por las noches me arrullaba con el recuento de los asuntos pendientes que añadiría al otro día o cuando le robara un rato a las horas. Confieso mi enorme placer al eliminar cada renglón cumplido en la agenda. Inventaba muchos más con tal de seguir en el juego libre de andar por aquí y luego irme para allá. Pero ahora que vivimos el entretiempo del encierro, mis pendientes fueron a dar al desván.

Cada noche al apagar la luz intento desaparecer las inquietudes en la oscuridad. Cierro los ojos y me dedico a escarbar en los recuerdos para conciliar el sueño. Me acurruco imaginando el calor de los abrazos y los besos de mis nietas. Me paseo entre paisajes, ruinas y personas que quizá conocí o imagino.

El tiempo extendido trajo consigo nuevos horarios, nuevas formas de vestirse, las canas a la vista, los tacones al rincón. Trajo lágrimas que se filtran ante palabras suaves, poemas, anhelos. Cada una comenzó a tejer otras historias. Las nuevas abuelas y las ya experimentadas, las madres con hijos en casa o con hijos en otras ciudades, todas comenzaron a hilar nuevos modos de relacionarse, a través de pantallas o sueños, de llamadas y silencios.

Una noche, justo en el centro de la noche sin horas, desperté con una inquietud clavada en alguna parte del cuerpo. Caminé en medio del silencio y, con los pensamientos enredados, imaginé a L frente a la luz de la pantalla, tratando de conjurar a los fantasmas...

16 de abril

Forrada con mangas largas, guantes, mascarilla, careta y el cabello recogido dentro de una gorra, llegué al banco. A pesar de mi profunda aversión a la tecnología, me sometí al procedimiento para instalar la aplicación. El experto cogió mi teléfono entre sus manos. Temerosa, me refugié en la fantasía de un baño en gel antibacterial. Él solicitó mis huellas, señalando un dispositivo manoseado por racimos de dedos ya codificados. Dejé caer los guantes sobre la mesa y me rendí. Pero hubo más: exigió también la identificación facial. Hubiera querido escapar de aquella oficina desierta. Al sentir su mirada como garra, con voz trémula, pregunté:

¿Dijo desnudarme?

Tuve que acceder a quitarme careta, cubrebocas y gorra. Un *click* y todo había terminado. Expuesta y humillada, al fin pude pagar en la ventanilla.

Bajo la regadera, con el agua corriendo por todo mi cuerpo, me fui lavando el miedo y el enojo. Aquella noche soñé que la peste desaparecía por la coladera.

Sandra Descubrí que, en los ratos en que mi mente se tomaba el permiso de extrañar, hacia ellas corrían los abrazos.

Ya sabía que las quería, pero no alcanzaba a imaginar cuánto.

Maru El encierro ha propiciado una nueva cercanía. Ahora enlazamos palabras virtuales en lugar de hacerlo en aquellas reuniones donde revisábamos nuestras historias. Hoy compartimos cuitas, temores y algunas alegrías cotidianas que antes pasaban desapercibidas: el brote de las semillas de cilantro, los pericos guarecidos en las palmeras o la intención de deshacerse de cosas que nunca tuvieron destino. Cada casa se ha vuelto un mundo en sí mismo. Un mundo que rota lento en un tiempo sin tiempo. No hay miércoles ni domingo. La ropa ha perdido la forma y el color, y los mensajes virtuales se han vuelto indispensables.

Raquel En el aire quedaron las presentaciones y la ilusión de saber que mi libro *La piel translúcida* andaría por doquier.

Dicen que los legados saben cuál es el momento propicio para entregarse. Este no lo fue.

Laura Con tropiezos, a intervalos, con distracciones y pretextos para no hacerlo, volví a darme esa tregua prodigiosa en la que se es uno mismo, donde no se miente para evitar que la frase cojee. Es decir: pretendí escribir. Pero la concentración se negó a prestar servicio, por lo que llegó el momento de levantarse a mirar por la ventana.

Los volcanes ocultos tras un telón de bruma contaminada no quisieron dar la cara. ¿Sabrán algo que desconozco?

Daniela Mientras L buscaba volcanes, yo me asomaba a contar mis rosas.

Tenía ya las manos agrietadas de tanto lavarme, mientras el tiempo sin tiempo pasaba y algo se iba acomodando. Pasó la tristeza inicial de los planes cancelados y la obsesión por la limpieza para dar lugar a la contemplación y a la escucha. Comencé a alimentar la composta y a cuidar las orquídeas.

18 de abril

Mirar por la ventana. Siempre en espera de algo inesperado, sorprendente y decisivo. Frente a mí un tercio de la ciudad. A lo lejos los volcanes marcando el horizonte; debajo, lo poco que queda del lago brillando como un listón de plata y, después, el Monstruo, la Ciudad de México. Ha pasado mucho tiempo, mucho. De las escritoras sé fragmentos de sus días; quisiera ofrecerles un café oloroso, un panqué horneado al calor de la amistad sincera, ¿qué estarán haciendo este sábado que parece martes? No, domingo, ¿o miércoles?

Se entrelazan las voces, los aromas se imaginan y se presta la mirada para ofrecer otra perspectiva al encierro, al ruido o al silencio que a cada una rodea.

Miradas al Monstruo desde lo alto, miradas de tierra y niños, miradas de agua y nada más, miradas de orquídeas. Olor a café con avellanas que envuelve.

Palabras enlazadas que, a ratos, nos salvan de la soledad.

De nuevo el viento de Cuaresma que no acaba. Aún así almorzamos en la terraza donde el bebé mira las ramas mecerse. Este viento se encargará de llevar el aroma del café y tostadas a donde las escritoras enlazan palabras sobre volcanes ancestrales, rosas que se cuentan, lágrimas que suspiran, recetas que se comparten y quehaceres que parecen no acabar nunca.

20 de abril

Los días se siguen, dando paso a uno nuevo, distinto e idéntico. ¿Quién lo dijo?, ¿dónde lo leí?, ¿qué vimos anoche?, ¿con qué ocupar nuestra mente con tal de olvidarnos de números y estadísticas?

Un tiempo elástico, ladrón de los momentos dedicados a los planes para un día, día que mutó en semanas. Desperté con un dibujo en la mente, pero antes de plasmarlo ya estaba haciendo una sopa de betabel. De las sobras del pescado de ayer surgió un entremés y entonces olvidé que iba a escribir un verso para mi hermana. Tan confuso es el tiempo del encierro sin fin que parece un hechizo para no pensar. Siento miedo de solo preguntarme cómo será el después.

¿Llegará a convertirse la reclusión en nuestro paraíso perdido?

Marina Mientras todo se sucede, del otro lado de la ciudad los mayores envejecen. Pierden a ratos la cordura. Otros ojos los contemplan, se entristecen. Las voces callan.

Se esparce la nostalgia.

Laura Ya no pienso en el futuro. He hallado un nicho que casi me agrada. Limpio con fervor, desarrugo hasta dejar la prenda tersa, enjabono por el haz y el envés. Tallo hasta sacar la mancha. Empeño fundamental en mi vida. Deshacerme de la mácula en mi horóscopo. He fundado con mi esposo un nuevo reino de dos, sin nadie más. Él y yo mirándonos a los ojos. Sin voces ajenas, interrupciones ni banalidades. En esto somos iguales. Él resiste, yo insisto; yo sugiero y juntos lo llevamos a cabo. No hay rivalidad ni escalafón en esta supervivencia. Estamos para ayudarnos. ¿Por qué querría dejar este Jardín del Edén?

Daniela Los adolescentes añoran las fiestas, los roces, los ligues, la seducción, los desvelos, el estadio de futbol. Añoran tener la casa llena de amigos y apretujarse todos en el sillón a ver una película mientras describen los besos de las chicas. ¿Qué vendrá después?

Y en otra casa mi madre aplaza la fiesta de los noventa años de su novio. *Mami, hazte a la idea, esto durará mucho tiempo*, le digo. Y ella contesta: *A nuestra edad no es tan fácil, no se tiene tanta vida por delante.*

Y a mí se me va el tiempo en lavar ropa, aspirar alfombras, caminar kilómetros. Y me pregunto si no empieza a gustarme haber retomado el dominio de mi casa. Y me pregunto si mi mente entra en pausa mientras limpio y trapeo. Pero los sueños son inclementes; los insomnios, largos. La colitis se expande. Las preocupaciones se extienden. Habrá que borrarlas con fibra y detergente. Seguir tallando para olvidarlas.

Poco a poco aprendemos a vivir de otra manera. La espera y el miedo se agazapan en los rincones. La monotonía diluye los días. Las noches se alargan cuajadas de dudas y llantos callados. Los aparatos digitales dan cuenta de lo que ocurre afuera; la escritura, la escoba y los sartenes, de lo que ocurre adentro. En tanto, las plantas, los animales, la tierra y los océanos susurran lo bien que se está sin gente en esta primavera. **Maru**

Los truenos interrumpen el canto de los grillos. El olor de ropa limpia se mezcló esa noche con el aroma de la lluvia que caía. **Sandra**
    Lluvia.
    Diluvio.
    Caudal que saque a flote los anhelos aunque los deje regados a lo lejos.
    Para que germinen.

21 de abril

No sé si a ustedes les pase que de pronto se encuentran recordando momentos ya lejanos, sin explicación de cómo llegaron ahí. Lugares, instantes y personas que uno sentía como «en la punta de la lengua»; y bastaba con estirar la memoria, como quien estira la mano, para recuperar todo aquello. La infancia, la familia ahora extinta... eso pesa. Me pesa a mí. No tener a quién preguntar cómo sucedió, quién lo dijo, ¿por qué nadie me ayudó? **Laura**

Evocando momentos, alguna llegó al mar, queriendo recordar eso que le contó de niña. **Sandra**

Otra, de súbito, se encontró frente a sus ojos con ese mismo mar —¿o sería otro?— y con ella misma vuelta ovillo tratando de atrapar al sol sobre la piel. Atrapar al sol, al mar y al instante, que sabía fugaz como su memoria. Inexistente, como un erizo de púas doradas. **Marina**

Ayer supe que aquel martes que nos despedimos después de haber ajustado verbos, puntos y comas, en México ya había doce contagios de covid. **Laura**

23 de abril

Maru Un virus desconocido se inoculó en una persona humana y luego en dos y luego en cuatro... después fueron cientos, miles. La ola de contagios que inició en China se esparció sin control hasta nuestro país. El mundo se volvió pequeño. Nosotros lo hemos hecho pequeño y endeble matando la diversidad y trastocando el equilibrio. Vino el encierro, las imágenes y los sonidos a toda hora dando las noticias como un parte de guerra que, en realidad, estamos librando contra nosotros mismos.

Raquel Gotas invisibles de saliva dispersan por el mundo su letal carga microscópica. Habitamos un tsunami en cámara lenta, que en su aparente quietud lacera, aísla y sofoca a las personas.

A los muertos les arranca hasta su última dignidad.

¿Por qué a unos los carcome la covid y en otros pasa desapercibida? ¿Por qué...? ¿Hasta cuándo?

25 de abril

Laura Al amanecer tuve un sueño: S me prestaba una botellita mágica de perfume, llena a más de la mitad. Era cilíndrica, con franjas esmeriladas que alternaban con otras de vidrio transparente. En las diáfanas aparecían palabras que no alcanzaba a leer por girar muy rápido. Recuerdo una letra E. Llévala contigo un rato, me explicaba S, hasta que en la última aparezca tu felicidad futura, se verá muy clarita. Yo la guardaba en el bolsillo del chaleco que llevaba puesto. Al moverme sentía su peso. Pasaban cosas confusas como sucede en los sueños y al fin la sacaba para conocer mi felicidad. El frasco estaba vacío.

Raquel Quizá la felicidad está en poseer la botella y no en su contenido. Escuchar su música, quizá en ella se pueda descifrar el enigma.

Maru ¿Será la felicidad esa legendaria búsqueda de un estado de exaltación sin tormentas? O, tal vez, nada más, es el recuerdo de esas gotas mágicas y ambarinas que van cayendo en el cristal de nuestros buenos recuerdos. Miramos atrás y descubrimos cuántos momentos fuimos felices, y, a veces, con algo pequeño, pasajero y entrañable.

26 de abril

Soñar un frasco de perfume que debía mostrar la felicidad. Vacío.

¿Qué quiere decir?

Lenguaje inconsciente de símbolos que transcurre en otro tiempo. Mensaje abierto, semilla de curiosidad.

¿Y si la felicidad está en hacer la pregunta y recibir interpretaciones? En las historias tejidas a mano. En los cuentos que se cuentan aún con lágrimas en los ojos.

Decir el mundo.

Salvar la memoria, moldear una botella de vidrio que fue arena.

Me consuela haber vivido una existencia florida.

Hay tardes en que la luz, que se entreteje con las ramas de los árboles, alivia un poco la ausencia de mis padres. Fallecieron con diferencia de ocho meses. Los imagino disfrutando de este juego de luces y de las comidas familiares rodeados de sus nietos y bisnietos. Necesito borrar el teatro de sombras que fue su último año. La tristeza y el silencio de mi madre; la furia y el miedo de mi padre.

Mi impotencia.

Su dolor traspasa mi cuerpo.

Las embestidas de llanto aún me invaden.

Hay ocasiones en que, además de la luz vespertina, llegan uno o dos colibríes y revolotean cerca. Me gusta pensar, como los antiguos mayas, que traen mensajes para decirme que están bien y en paz. Ojalá vuelvan mañana a esta hora de la tarde.

Mayo

1 de mayo

Me enfrento a una imagen del horror: una habitación repleta de ataúdes de cartón donde yacen neoyorkinos de todos los barrios, colores y géneros. ¿Me habré cruzado alguna vez con uno de ellos? ¿Cómo será la Gran Manzana después de este virus? ¿Cómo sus habitantes? ¿Cómo la vida? ¿Cómo yo, si sobrevivo?

Al final de uno de esos viajes de verano en Nueva York, a punto de subir al vehículo que nos llevaría al aeropuerto, volteé a uno y otro lado de la calle, la Quinta Avenida a unos cuantos pasos, y como un fogonazo pasó por mi mente una idea: «esto no puede durar mucho». Quizá fue el hartazgo del exceso de la ciudad, el calor o simplemente mi cansancio lo que me llevó a pensar aquello. Años después, cuando las Torres Gemelas se vinieron abajo, recordé aquel momento de singular lucidez y me pregunté si ese era el desenlace entrevisto aquel día. Ahora las fotografías muestran caravanas de camiones del ejército llevando féretros a una isla alejada de la ciudad. Los presos, que pagan ahí una condena, han cavado una inmensa fosa común en medio de la nieve. Agradezco a mi siempre enfebrecida imaginación no haberme dejado ver este momento.

Leo a L y sus preguntas se quedan murmurando. En ese bullicio que hay en mi cabeza recuerdo personajes de novela. A ratos me descubro preparando todo para un encuentro. ¿Alguien vendrá? Una parte de mí se mantiene atenta para reconocer los pasos en la escalera.

5 de mayo

De vez en vez, se instalaba entre las historias el silencio. Reservado, calmo y paciente.

En medio de ese silencio, mi hija universitaria me pidió ver fotos de papel y los recuerdos inundaron la casa, la risa de los niños, las fiestas de colores, las velas de los pasteles, los disfraces de piratas y princesas, los tutús de bailarinas; los que están y los que se han ido, los que quedan, los que fuimos. El jardín vuelve a llenarse de amigos para festejar mis cuarenta, bailamos, brincamos, gritamos, rescato el gozo y evado las tristezas, los llantos callados, el hueco en el estómago, las borracheras continuas.

Hay ausencias que alivian.

Raquel

La calle desierta a veces se torna en foro musical. Una tambora venida de alguna sierra del sur dejó sus bríos al pie de los edificios. Otro día, no importa cuál, llegó la marimba. «Maderas que cantan con voz de mujer...». Tengo todo el tiempo para suspirar.

De noche suele llover. Cuco, mi gato, se apoltrona en su mirador. Arrullado por la cadencia del agua al deslizarse por los vidrios, cierra los ojos. Ojos rasgados de un azul diáfano, como el que ilumina las grietas de un glaciar.

Maru

En cada atardecer surgen pinceladas distintas. Nunca es el mismo cielo ni las mismas nubes. Los colores se intensifican, se funden y después se disgregan con lentitud para dar paso a la oscuridad. Como la vida, como la muerte, como un amor fugaz. Los miro cada tarde desde el jardín donde el bebé y yo cantamos, olvidados del ajetreo de la casa y la excesiva quietud de la ciudad. Afuera, algunos vecinos deambulan con media cara tapada y el corazón desnudo. Solo el miedo pasea a sus anchas con gesto burlón. Por la noche, el cielo estrellado envuelve el silencio que interrumpe el ladrido de los perros y los gritos sordos de la incertidumbre.

6 de mayo

Raquel

Noticias de afuera.

Lo escuché en la radio: en breve, podremos salir a trabajar. Ya se avizora una luz al final del túnel. Hago cuentas y no entiendo, ¿Cómo es que, si los casos no aumentan, pero tampoco disminuyen, a diario aparecen fotos de los nuevos hospitales covid? Para disipar dudas, se nos explica que vamos conforme a lo programado. ¿Y eso qué significará? Las cifras me son incomprensibles: casos comprobados, sospechosos, asintomáticos, igual que los cuerpos que nadie reclama y los que mueren durante el sueño o de tristeza. ¿Serán cientos, miles o hasta millones? Según un reportaje, el virus va perdiendo fuerza.

Desperté de una pesadilla. Había fallecido cuatro veces.

7 de mayo

Se me espantó el sueño. Debe ser porque estoy espantada. Necesito aquietar la mente. Intento repasar, uno a uno, los ingredientes para mañana cocinar la sopa de cebada perla que me enseñó mi abuela. Quizá me consuele igual que sus abrazos.

Despierto con el canto desbordado de los pájaros. Mi perro sigue dormido, lo miro acurrucado. Mientras tanto, nuestra perra duerme en la cama de mi hija. A veces llora bajito, entre sueños. Cuando la adoptamos supimos que la habían atropellado. Me pregunto por su historia, ¿pediría comida en un puesto callejero?

Recibo fotos de la casa que A construyó y disfrutó por años, años en los que mi vida transitaba llena de niños, perros, miedos, gozos, angustias, festivales escolares; reuniones en casa que oscilaban entre la euforia y la angustia, contando las copas de mi exmarido. Y mientras tanto A vivía otra vida, otras relaciones, con otros amigos, en otros paisajes. Hoy transitamos juntos estos tiempos sin certeza, sin planes, sin viajes, donde los muertos se acumulan cada día.

Es mayo y el día avanza oscuro, frío y ventoso. Inusual en esta temporada. Miro por la ventana la avenida, hasta hace pocos días teñida de jacarandas. Veo pasar una patrulla de cuyo altavoz sale el sonido repetitivo de la única frase que la distancia no distorsiona: «Quédate en casa, quédate en casa». El vehículo se aleja solitario, «quédate en casa... quédate».

¿Quién responderá a la pregunta de Joaquín Sabina, ahora mía: «quién me ha robado el mes de abril»?

Daniela Al inicio del confinamiento echaba de menos la vida anterior. A veces creo que no volveré a sentarme en la terraza de un restaurante, que no volveré a abrazar, a viajar. Pienso en los lugares que amo, en San Miguel de Allende con sus calles vacías.

Extraño recorrer la colonia Roma con A. Extraño mis reuniones de lectura. Extraño la posibilidad de vernos. Extraño comer en las hermosas mesas de mi madre. Extraño a mi mamá.

Y, sin embargo, soy afortunada y estoy agradecida.

Mis hijos, perros y yo mantenemos una rutina alrededor de la cocina. El lavavajillas como música de fondo.

Entablo otras conversaciones.

Mis días transcurren entre los ciclos de las lavadoras y los ciclos de la vida.

8 de mayo

Raquel Antes de salir de nuestra guarida nos miraremos al espejo para estar seguras de que el cubrebocas está bien colocado, desde la nariz hasta el mentón. Será un acto reflejo, idéntico al de colgarse la bolsa en el hombro al abrir la puerta de casa.

Maru Un alud de noticias me ha cimbrado: las curvas que se elevan, el número de contagiados; la tragedia de los que mueren solos y la del personal médico agredido.

Hay otras que se repiten: los mayores abandonados, las personas con discapacidad, invisibles, los niños violentados, las mujeres desaparecidas.

Y, ante esta oleada variopinta, me llega un inmenso sentimiento de gratitud, porque estoy con mi marido y mis hijos para cobijarme, porque tengo un jardín que me calma y nietos amorosos que me llaman y tengo hermanos con quienes atesorar recuerdos. Y también porque, a la distancia, comparto con las amigas indispensables, con las comadres escritoras y con mis compañeros de la meditación virtual.

Pero hay noches, antes de que llegue el sueño, en que la culpa de mi bienestar llega a buscar camorra y me empuja más allá de mis linduras y mi vida cómoda, señalando a todos aquellos de los que hablan las noticias, para que deje de cruzar los brazos y me acerque a sus carencias.

Acá también pasan los días, unos idénticos a otros, mis rutinas apenas se Daniela mueven. El mundo exterior como amenaza; el mundo interior como salvavidas. Antes corría lejos, más lejos. Lejos de casa. Lejos de amenazas. Hoy encuentro en cada día idéntico la quietud anhelada. Las lecturas de las mañanas soleadas. Mis escritoras, las jacarandas. La vida que florece. Barro mientras escucho alguna entrevista literaria. Mis amigas también me acompañan. Me protegen del horror que se filtra en la inquietud de los sueños.

Hace días que me duele la cabeza todo el tiempo. Es tortícolis, me repito, Raquel debida a las horas frente a la computadora y leyendo, no aquello que te imaginas. Pero la tensión crece. Silenciosa se me encarama por los músculos, los atenaza. La culpa me corroe. ¿Cómo se me ocurrió escaparme al súper? ¿Habré recibido el zarpazo del virus escondido entre las latas? ¿O por la cercanía a una chica, mientras seleccionaba el pan? Me entretuve en las carnes frías, disfruté el color de las verduras y el olor de los quesos. ¡Extrañaba tanto mirar y tocar todo a mi alrededor! De regreso, al abrir la puerta de nuestro refugio, me asaltó la duda. ¿Había traído a casa al demonio, tomado de la mano del ángel de la muerte?

10 de mayo

Mi hija disfruta andar descalza, jugar con los hermanos a las luchas entre Sandra empujones y carcajadas hasta que llega la noche. Se desvela porque no hay prisa. Solo el camión de la basura parece madrugar.

Mi hija sueña sueños que no son suyos. Son tal vez mis pesadillas que no sueño porque apenas duermo.

Llegan a despertarla. En la noche murmuran.

Han ido quedándose ahí, acumulándose como el polvo, incrustadas como el salitre que mancha el grifo.

12 de mayo

Los días pasan. Enmudecen. Marina

13 de mayo

Maru Ese tiempo contrahecho que se alarga como si hubiera pasado un año y se diluye como si al día le hubieran quitado la mitad de las horas.

Sandra Aquel silencio era una ausencia de palabras que se extendía como un manto de agua o como tierra húmeda y confusa.

La cabeza llena de ruido y las manos habitadas: el jabón, las sábanas, el cuchillo sobre la tabla; la verdura, el salero, la escoba, la basura.

Manos incansables para mantener la mente a raya. Para acallar el grito de todas las voces, cuyas palabras ya no podían distinguirse.

Para enfrentar ese murmullo que parecía más bien un lago bajo la luna llena. Un cuerpo líquido cuya profundidad ignoro.

15 de mayo

Marina Está tan triste el corazón; tan tristes los ojos que miran. Tristes las manos vacías. Tristes los abrazos no dados, las palabras calladas. Está triste hasta la melancolía.

Maru Mayo llegó callado después de los ventarrones. El jardín ha florecido. Hasta la orquídea que traje de casa de mi madre, hace tres años, presume cinco flores blancas, elegantes como ella. Elegante para amar a sus hijos, elegante para esconder sus desilusiones, elegante cuando leía un libro tras otro arropada por el sol de la terraza. Elegante para vivir su muerte en mayo, después de oler un rosario de rosas.

16 de mayo

Raquel ¿Cómo es posible que tantas historias de vida queden reducidas a una curva indefinida?

Y llegó el día en que los números de la pantalla adquirieron un rostro. A mi amigo le negaron la prueba de covid en varios hospitales, cuando ya presentaba los síntomas del contagio. Aislarse en casa, paracetamol para conjurar los delirios de la fiebre y esperar; quizá sea una gripe. Eso le recetaron a distancia. ¿Como doy el pésame a mi compañera de escuela que perdió a su madre y al hermano, uno tras otro? Muda, sentí el aliento de la peste sobre mi cuello.

Una noche, de pronto, sin que hubiera motivo para hacerlo, me di cuenta de por qué no podía corregir la novela que llevo años escribiendo: temo que se contagie de covid.

19 de mayo

Me despierto con una punzada en el estómago. La punzada que habita este cuerpo, que me advierte del peligro, que me paraliza. La punzada compañera que me decía «Él bebió de más, hazte la dormida». Pero, por más que lo intentara, la punzada no se estaba quieta.

Ahora vive aletargada por la felicidad que encuentro en lo cotidiano, en los colibríes bebiendo de mis agapandos. Hay muchos días felices, pero también hay mañanas así con miedo: miedo a la enfermedad, miedo al mundo que cambia, miedo al regreso, miedo al mundo como era y miedo del mundo que vendrá. Hace días no despertaba así. La terapia de la limpieza surtía efecto, barrer las inquietudes y lanzarlas al bote de la basura lejos, muy lejos. Lavar los basureros y desaparecer los rastros.

El tráfico rumbo al hospital va en aumento, lo mismo que la gente que anda por las calles.

Los negocios ya van abriendo sus puertas. Nuestra ciudad-monstruo, pintada de rojo en el mapa de la pandemia, necesita revivir aunque sea a destiempo.

Un crematorio habita entre nosotros. Su humareda ya forma parte del paisaje. Mirándola a lo lejos como algo rutinario, mis raíces me preguntan si acaso los habitantes de Auschwitz, el poblado cercano al campo de concentración del mismo nombre, se acostumbraron al horror de las chimeneas. Negar para vivir; vivir negando.

Cenizas de humanidad arrastradas por el viento.

 Y al mismo tiempo, en algún lugar se celebra un cumpleaños. Siete vueltas al sol llenas de emoción. He transformado la piñata que estaba en casa en un nuevo personaje: quitar lo viejo, pegar papel, dejar secar, cubrir con pintura.

Y entonces las noticias del periódico desaparecen porque están cubiertas de colores y rellenas de dulces. Y la vida puede ser celebración y agradecimiento.

Todo sucede al mismo tiempo y todo es.

Daniela Mi hijo menor acaba de estrenar la mayoría de edad. Recuerdo su euforia de niño ante los regalos. El hijo que me abrazaba.

No habíamos aprendido a herirnos.

Raquel Los cumpleaños del encierro suman más de una docena en mi familia. Celebraciones de una vida en pausa. Pasó el Día de las Madres y se irá también el Día del Padre, mientras cada escritora descifra su paisaje interior al mirar el mundo de afuera, protegida por el cristal de su ventana.

Laura Los hijos. Los hijos son como un baúl de sorpresas siempre entreabierto. Nuestros movimientos, palabras o hechos provocan que lo ahí guardado se deslice fuera causándonos alegría o dolor. Las madres deberíamos conocer la alquimia para transformar el reclamo en algo luminoso y no permitir que la sombra oscura, que ha reptado fuera del baúl, anide dentro de nosotras.

Daniela Quizá fueron los hombres los autores de la culpa. La madre como depósito de frustraciones. Así que hoy, ¿cómo sacudir ese polvo fino que se asienta en las miradas y reproches?

Raquel Perdonarse a una misma por lo hecho y lo incumplido. Perdonarme por no buscar otras rutas mientras resolvía los acertijos de ser madre, absorta en el remolino de la vida, a ciegas y sin manual de operaciones.

También hay que pedir perdón. Escribir una carta bien llorada y serena, escarbando para mirarse en el espejo de los recuerdos. Una carta que el hijo lea en la intimidad, aunque no la conteste, porque no quiere o no puede. Si la guarda y relee, quizá con los años y a la distancia, comprenda.

No hay remedio: la vida sin abolladuras y cicatrices ni en los cuentos de hadas existe.

«Tus hijos no son tuyos / son hijos e hijas de la vida / deseosa de sí misma», dice el poeta. Los padres los llevamos de la mano hasta la vera del camino. De ahí en adelante irán solos a buscar el futuro. Su naturaleza es ser ingratos, necesitan serlo para desprenderse sin dolor y marcar sus huellas en el sendero. Necesitan herir para sentirse dueños de sus pasos. A veces nuestro silencio les ayuda a reflejarse en el espejo y cuando llegue el futuro caerán en cuenta. Ya les tocará acompañar a los suyos hasta la vera del camino y cumplir con la deseosa vida.

22 de mayo

Amanece.

Espero el recorrido de todas las emociones en una sola jornada.

Lloras por un video, te encabronas viendo el caminar cansino y la cabeza gacha; vuelves a llorar cuando pasan los «músicos callejeros» y, desde los balcones, alguien les aplaude. Te agotas. Te entra la energía y barres como si quisieras aniquilar todo el polvo del mundo. Extrañas. Suena el teléfono y el estómago sufre un descalabro. Vuelves a extrañar. De vez en vez sonríes. Pierdes el tiempo en modo neutro, en fin...

También tejo, desde hace días, en medio de las horas trastocadas. Tejo con las manos torpes y, a ratos, con ojos de agua. Tejo la cobija que casi hace dos años se quedó pendiente. Tejo para la niña sana y fuerte que sí pudo ser. Y tejo por la criatura suave y frágil a la que solo acuné por un instante.

Tejo por los anhelos perdidos, por los sueños rotos sin cumplir. Tejo y entre cada cadena enlazo los deseos de un mejor futuro, las sonrisas de mis niñas y la esperanza de que en otros tiempos, no sé cuáles, pueda tener entre los brazos un sano y fuerte corazón latiendo en un mundo mejor.

Tan solo tejo.

Hace años yo decía que mi familia estaba compuesta por retazos hilvanados de aquí y de allá. Distintas madres, distintos padres y yo, el hilo que entretejía.

Laura Antes de sentarme a escribir, me gustaba bordar siguiendo una antigua tradición familiar. A mi gran amor dediqué varios dechados con versículos bíblicos; para nuestro primogénito, un arca de Noé; en el hospital, con cuidado de no moverme ni un ápice, dejé sobre la tela un pajarito que echó a volar por no encontrar una rama de olivo donde posarse. Al pequeño, aquella frase de «¡para comerte mejor!» rodeada de bosques, abuelas y lobos. Cuidando a mi padre moribundo bordé una cuadrícula con distintas plantas con su nombre latino. Lo rematé y dejé pasar muchos años antes de volver a enhebrar una aguja para contar historias coloridas. Mis dos nietas tienen los suyos.

Maru Nunca fui buena para el tejido, aunque mi abuela se afanara en ello. Mejor le ayudaba a hornear. Quizá por eso hacer pan me nutre. Amasar, dejar levar, formarlo, ver cómo sube y se dora, esperar para partirlo. Cortar el primer trozo se vuelve un ritual, un día de recompensa. Las noticias, con sus vivos y sus muertos, se esfuman. Las pequeñas rencillas cotidianas se disuelven. La tristeza por la próxima partida de mi hija se esparce por el jardín.

La ausencia del nieto que canta y sonríe con generosidad dolerá. El vaivén de la vida es inevitable.

Sandra Vaivén de hilos que se entretejen.

En el telar de lanza viaja el hilo en su nave de madera.

Chaz chaz con los pies y vuela de regreso aquella madeja, dejando a su paso la trama.

En este telar de la vida, ¿qué somos?

Ir y venir.

Chaz chaz.

Abrazos por entregar.

Chaz chaz.

Jacarandas que se desnudan.

Chaz chaz.

Hijos que crecen.

Chaz chaz.

Mujeres que aún escriben.

23 de mayo

Ahora que hasta las palabras se guardan, las escritoras tejen o recuerdan Laura haber bordado; la fiel Penélope les susurra al oído: no destejan por la noche lo que en el día crearon.

24 de mayo

Por la tarde me senté con Emiliano a mecernos en la banca de madera para Maru contemplar el jardín. Un buen número de aves volaban y piaban entre los árboles. El niño veía el movimiento y escuchaba. Guardé silencio. El bebé empezó a balbucear. Parecía seguir el canto de los pájaros.

Sonreía y cantaba.

La armonía fue perfecta. Por unos minutos las preocupaciones cesaron. Dejaron de importarme la reclusión y el futuro.

También la tristeza de saber que se irán pronto. Recordaré ese concierto de sonidos, rayos de luz entreverados en las ramas y la más bella de las sonrisas.

Si no lo pudiera atesorar en la memoria de la vejez, estará seguro en la del corazón.

30 de mayo

El texto de ME me trajo un recuerdo. O quizá una memoria adquirida. De- Laura bía ser muy pequeña, puesto que vivía en un cochecito de aquellos para transportar a un bebé. Mi madre, al irse a trabajar, me dejaba en casa de la abuela y ella, ocupada en otras tareas, me colocaba frente a una ventana desde donde yo veía mecerse las copas de las moreras sembradas sobre el camellón hasta quedarme dormida. Pasaron muchos años para que me diera cuenta de que el rítmico movimiento de las ramas de los árboles me llena los ojos de sueño. Me pasa a cualquier hora, en todo lugar, estando de pie o sentada. Tendremos que esperar para saber si a Emiliano, el nieto de ME, le sucederá lo mismo.

Nuestra esperanza: los niños.

 Me despertó el horror de un mal sueño. No podía calmarme. Me pasa a veces y siempre los recuerdo. Preferiría que se quedaran en la nebulosa del inconsciente y se disolvieran sin lastimar. Ilusa de mí. Están hechos para eso, para que salgan la angustia y el miedo contenidos. Lo he dicho y lo vuelvo a decir: ojalá se cumplan mis ilusiones y mis deseos, tal vez, pero no mis sueños, nunca mis sueños.

31 de mayo

 He destinado este domingo para empacar las semanas de mayo en el baúl de las memorias. Desprenderé las telarañas de mis rincones manchados de miedo. Urge sacudirlos ahuyentando pesadillas de fiebre y asfixia. Mis sentimientos encontrados deberán orearse tendidos al sol. Voy a entregarme a las notas graves del chelo, apaciguando el espíritu, mientras armo la urdimbre para tejer los días por venir. Haré un tapiz con paisajes exóticos de mis andanzas, entreveradas con hebras de ausencias que duelen en la piel.

Estoy lista, con la cara lavada y el orgullo de mis canas, para dar la bienvenida a otro mes de encierro.

Junio

4 de junio

Afuera está oscuro. En el cielo brilla la luna previa al plenilunio. El caserío, de día una masa gris, al final del ocaso emite su propia luz. Las calles y sus detalles se definen. A la derecha, un parque iluminado por una lámpara intermitente y mercurial que recrudece, a mis ojos, la perversidad de los hombres que por allí transitan. Las patrullas indolentes van y vienen. El barrio es famoso por su índice delictivo. Observo en un intento por distraer mi mente del hecho de que el virus ha tocado a mi familia. La luna, casi llena, tiñe de azul mi habitación. No sabía que el miedo trajera de la mano a la depresión. Mañana intentaré quitármela de encima.

5 de junio

Esta mañana decidí salir a caminar, así que, temprano, tomé careta y cubrebocas y me eché el temor sobre los hombros. Daríamos un paseo expectante el temor y yo. Yo avancé con paso firme y el temor, aferrado, clavándome las uñas en la piel.

Una calle, dos, unas cuantas más.

Me topé de pronto con la sombra inmóvil de un columpio abandonado, la hierba crecida y cientos de hojas acurrucadas en un rincón.

El temor aflojó su garra y le hizo espacio al desconcierto y a la nostalgia.

Regresé a casa. Con otro peso sobre la espalda y el arrullar de las palomas en el corazón.

Tenía diez años cuando nos fuimos a vivir a Coyoacán. Mi colegio estaba cerca del Monumento a la Revolución: durante el largo camino tenía tiempo de bobear a gusto. Todas las mañanas pasábamos frente a un edificio, casi derruido, que en el último piso tenía un balcón siempre abierto. Una cortina de gasa, alguna vez blanca, ondeaba meciéndose. Desde entonces mi imaginación debió entrenarse para volar y se asentaría mi costumbre de ver a través de las ventanas. Escudada en la lejanía. Oculta.

Maru La luna se metió a mi recámara. Llena, brillante, contundente. Faltaban diez minutos para las cinco de la mañana. Desperté con la cara bañada de luz. Cuando observé su tamaño y su brillo, azorada, tomé varías fotos.

¿Por qué esa necesidad de atesorar, incluso, el fulgor de la luna? Me recriminé. ¿No basta con vivir su influjo y su claridad?

Me preocupa olvidarla, olvidar, dejar de ser mis recuerdos. O tal vez es la manía de no aceptar el paso del tiempo, la finitud de los momentos felices. Nuestra finitud.

6 de junio

Laura ¿Qué sería de mis insomnios sin fantasmas? Un desierto.

Raquel ¿Y de mis despertares mirando de nuevo las paredes del encierro? Un refugio.

Marina ¿Y de mis noches sin su silencio? El desamparo.

7 de junio

Daniela Mi encierro se duplica y se extiende.

Ahora que transito entre casa de A y mi casa, estoy en un continuo llegar, en un continuo regreso. No es como un viaje donde se va a lo desconocido. Se regresa. Cada vez se regresa.

Dejo mi escritorio, mis llamadas de trabajo, mis libros, y regreso a los ojos claros de A; a sus Budas y a sus cuadros de paisajes del Himalaya. Luego dejo su dulzura y regreso a los brincos efusivos de mis perros, a la vida apresurada con mis hijos.

10 de junio

Sandra Leo los textos de las escritoras, casi las puedo escuchar. La escritura como lugar de encuentro, como escape y guarida.

Hablan de sueños recordados con horror, meses que se estrenan con orgullo, cortinas al viento, baños de luna, fantasmas, placeres, silencios.

Cuando hay silencio a mi alrededor, trato de escribir las ideas que se vienen gestando desde hace días.

Fronteras que se desdibujan entre la locura y la cordura, entre el miedo y el sosiego, entre aferrarse o soltar. Entre la que soy y la que creí que era.

No alcanzo a distinguir el contorno de los conceptos.

Tal vez por eso tardo en escribir.

Hay cosas que aún no sé nombrar.

Nombrar... necesitamos nombrar para explicarnos el mundo. Nombramos lo percibido y lo sentido. Nombrar para acercarnos a las cosas y que adquieran vida; para recrear la realidad. Nombrar, también, para confrontar el olvido. Esta página en la historia no la hemos de olvidar. **Marina**

Y ya que los platos están en su lugar, la mesa dispuesta para el desayuno del día siguiente, el suelo limpio, me desato las cintas del delantal, traspongo el dintel de la puerta con la intención de sentarme un rato a leer cuando, como *relámpago de agosto*, recuerdo que —¡horror!— me faltó tallar los trapos de la cocina. **Laura**

11 de junio

Doña Ele murió de covid. Conocía cada rincón y desperfecto de nuestro edificio y con orgullo lo mantenía impecable. Durante doce años saludó cada mañana, contagiando su alegría. Lamento su ausencia entre tapetes sanitarios y botellas de gel. Mi mundo se achica. La maleza de la sospecha trepa por los muros invadiendo el espacio. Me quedan las ventanas para bañarme de luz e imaginar la luna cada noche. **Raquel**

Al correr de los días, descubro que hacer lo que tiene que hacerse cada vez me cuesta menos. Barrer, trapear, hornear, lavar... No es lo que hago, sino cómo lo hago. **Maru**

Cuando inició el confinamiento, sufría por tener que hacer estas tareas repetitivas y cotidianas que no terminan nunca. Mal empezaba y ya quería irme a leer, a escribir, a cargar a Emiliano o a ver una buena película. Ahora descubro que las faenas me ayudan a disipar la preocupación y dejarle el futuro al futuro.

Al hacerlas asumo esta nueva realidad desde otro lugar.

Estoy «ahí» haciendo «eso». Bajando los hombros que la tensión sube, barriendo la ansiedad, sacudiendo el miedo. Estoy ahí pensando en las palabras que enlazaré; o estoy ahí, nada más. Hacerme cargo de lo mío, de lo nuestro, me hace inclinarme y agradecer a quienes lo han hecho por mí durante tanto tiempo.

Raquel Se me ocurrió ordenar mi biblioteca. Acaricié cada libro, aspirando los aromas de sus páginas porque, como las personas, cada uno tiene su olor. Saludé amigos que tenía olvidados. Conversamos sobre nuestras cuitas, las de ellos, inconmensurables: hambrunas, guerras, *batallas en el desierto*. También surgieron la ternura del amor paciente y el medio siglo de espera hasta la llegada de los tiempos del cólera. Tanto necesitaban contar, que guardé silencio. Liberada en mi refugio tapizado de libros, con afecto coloqué cada volumen en su lugar.

Sandra Leer.

Leer en voz alta con mis hijos.

Leer poesía ahora que terminó la escuela. Como un remedio para enfrentar la tarde luminosa o como un pretexto para recordar.

Leer conteniendo las lágrimas. Hay poemas que se hacen nudo en la garganta; otros que no se pueden explicar.

Leer y escaparse. Buscar una rama para pasar la noche.

14 de junio

Raquel Amanecí con el ánimo atravesado. Tomé una píldora. Más me hubiera valido gritar escondida en la bodega. Quizá bajo la regadera se aflojen la tensión y el mal humor, pensé. Acariciada por el agua, me dispongo a desenredar la madeja que me agobia. Tiro de la punta de un reclamo añejo y de mis culpas anudadas, separo palabras acusatorias y entresaco la hebra de una amenaza velada. Una amargura silenciosa amenaza con aflorar, pero hoy toca ceñirse la máscara de la complacencia.

¿Y ahora qué hago con todo eso?

15 de junio

Hay días de cristales rotos y olvidos incesantes. Días que agrandan las sombras. De penumbras que ocultan el brillo del agua.

17 de junio

Días y más días... Sueño con abrir todas las puertas de la ciudad, como a diario se abren las cortinas y ventanas para dejar entrar el aire y el sol. Son sueños de duermevela, ¿de qué otra cosa podría asirme, sino de un sortilegio? Quizá así los fríos del invierno no nos encuentren sentadas en el mismo lugar.

19 de junio

Veo nuestro valle. Me gusta imaginarlo como era cuando Hernán Cortés se detuvo entre los volcanes y, maravillado, nos comparó con Roma. Puedo inventarme el pasado, lo que no logro es entrever nuestro futuro. Mi porvenir. Lo que será de nosotros como matrimonio, como familia. ¿Qué será de mis compañeras de letras? ¿Qué será de esta ciudad ahora pavimentada con enfermedad y muerte, en lugar del oro en sus avenidas, según contaba la leyenda que atrajo al feroz conquistador?

20 de junio

La decisión de estar confinados, de mantenernos alejados de otros, de modificar la rutina para estar en casa, ha traído momentos memorables. Mi hija de siete años poniendo la lavadora, los hermanos mayores cocinando, la risa de mi esposo en sus reuniones virtuales. Algo del encierro se ha vuelto abrigo.

Pero llega el verano. Tarde vienen las lluvias. Se respira inquietud.

¿Podremos comenzar a salir? Se dejan ver relámpagos en el cielo. Tendremos que ponernos de acuerdo. Truenos cada vez más cerca. Posturas frente al virus, frente al miedo y al cansancio. Posturas que divergen, que dividen.

Extraño verano aguarda.

Marina

Tengo una amiga que, en resonancia con el encierro, se libró de ciertas ataduras. Dejó olvidados en un cajón brasier, rímel, aretes. Soltó el cabello y libres las ideas, lisas, quebradizas o rizadas. Abandonó la prisa. No tenía a dónde ir ni de dónde volver. Dejó acontecer las cosas a deshoras. Pudo contemplar los muchos verdes de las hojas o adivinar el paisaje escondido en el silencio. Extrañó. Se olvidó de contar los días y las cifras. Echó las preguntas en un costal. La vida solo sucedía. Pero llegó el momento de ceñirse de nuevo al reloj; de enfrentarse al enemigo que ahora somos todos, cualquiera. A los otros. Mañana saldrá a iniciar la «descuarentena», con miedo... y sin brasier.

Daniela

Tejo el nudo apretado para que ese abrigo del confinamiento no tenga fisuras. A veces alguien jala un hilo. Desteje, abre huecos. Cierro los espacios. Pongo parches con telas de otros colores. Contengo a mis hijos. Atesoro el regalo de tenerlos tan cerca, justo cuando estaba aprendiendo a dejarlos ir.

Raquel

Guardando distancia y asidas de la imaginación, mis nietas y yo emprendemos un viaje a Persia con *Las mil y una noches*.

Conté la historia donde una joven embelesa al villano armada solo con sus palabras. Las niñas irradian felicidad. Sonrío. He recargado mi memoria de imágenes: los ojos de mar, la melena de cabello ensortijado y el rostro de mi hijo plasmado en la pequeña.

Me llené de sus risas y mi corazón saboreó el amor. Una de ellas me abrazó diciendo «Te quiero mucho». Estremecida, sentí el consuelo de su piel en contacto con la mía.

23 de junio

Raquel

Tembló.

Miedo sobre miedo.

Marina

Silenciar la voz. Eso me susurra el viento. Permanecer sin habla en medio de estos días en que la vida y la tierra se estremecen. Se estremecen los recuerdos y emergen las ruinas, las paredes fracturadas. Sus grietas dejan escapar el horror y los lamentos. Se traslapan las horas y los minutos... estoy en otro tiempo. Con el alma rota, los sueños en añicos y unos brazos que no acunan. Brazos que se extienden y no alcanzan, no arropan, no consuelan. Me diluyo. De nuevo en el presente. Este presente extraño y eterno. Entre paredes nuevas, prometedoras. Afuera, el enemigo invisible. Me dejo envolver por el silencio.

Y en el silencio, el recuerdo del crujir de la Tierra. El abismo.

Todas mencionamos el ruido. Los ruidos regurgitantes, asonantes y oscuros producidos por las pugnas entre las placas tectónicas. ¿Sería esta lucha milenaria la que volvió al hombre belicoso?

Y mientras la capital crujía y se balanceaba, en cielo norteño retumbaron los truenos y los rayos prodigando esperanza. Pero el agua fue escasa y se evaporó la ilusión.

Esta madrugada regresó la ventisca.

Los árboles se doblaron y se sacudieron entre nubes de polvo que no parece venir del Sahara, sino de esta tierra seca y agrietada por el sol.

Despertamos con el pasto mojado, la mañana fresca y la esperanza renovada. Quizá se recarguen los ríos y crezcan los pastizales. Tal vez haya cosechas en la Tarahumara y sus habitantes tengan algo que llevarse a la boca, olvidados de eso que los *chabochis* llamamos «pandemia».

25 de junio

Nos guardamos aterrados cuando los contagios no pasaban de una decena. Ahora, que diario escalan, el temor se ha encogido, o se lo devolvimos al monstruo que vive debajo de la cama.

Veo la prisa por salir, por olvidar, por retomar.

No sé si quiero volver al ritmo vertiginoso del tiempo que se escapa.

Dejar la pausa. Olvidarme de lo que he encontrado en el silencio, cuando barro o cuando saco el pan del horno.

No quiero perder la mirada hacia los otros. No quiero seguir sin hacerme cargo de lo que hemos construido y destruido. Hoy todos vamos en el arca de Noé y el diluvio no para.

Sandra

¿Marcará este año una nueva época? ¿Cómo llamarán los historiadores a estos tiempos? ¿Cómo explicará la economía los efectos del encierro? ¿Qué nuevas afectaciones nombrará la psicología? ¿Y la ética?

¿Qué haremos cómo humanidad para explicarnos lo que nos está sucediendo?

Son otros tiempos.

¿Qué paloma volará del arca para traer una rama anunciando tierra firme? Tierra donde desembarcar. Tierra para sembrar. Tierra para bailar y construir. Tierra para todos.

Nos mece aún la mar.

Daniela

Llovió toda la noche y hoy amanece mojado. El dolor se coló en mis sueños. Se atoró en mi garganta y desató otras angustias. Oigo que aumentan los robos en las casas. Tengo miedo. De todo. De los otros.

Esta mañana la lluvia ha lavado mis miedos.

Las flores de la lavanda brillan con el agua. Los agapandos esperan la visita de los colibríes.

Me consuela el sueño profundo de mi perro.

26 de junio

Daniela

Sigo las reuniones con mis grupos literarios en pantallas de Zoom. Sonrío conforme la mía se va llenando con los rostros de mis amigas. Durante el confinamiento hemos recorrido el desierto de la frontera con los niños de Valeria Luiselli y vivido la violencia masculina de tres generaciones con Emiliano Monge. También nos hemos ahogado de angustia y desesperanza ante la desolación de los personajes de Fernanda Melchor. Algunas lectoras desisten ante la brutalidad del lenguaje. Las animo para que sigan. Abrimos nuevas formas de mirar. Nos interrumpimos unas a otras hasta silenciarnos por turnos. A veces callamos o mutamos los prejuicios. Ciertos personajes nos conducen a nuestras historias personales. Algunas amigas lloran sin que las pueda abrazar. Otras veces, los miedos se congelan en la conexión digital. En ocasiones logramos ahuyentarlos con una carcajada colectiva.

Llevo dos noches sin insomnio. Desde que logré retomar la revisión de mi
novela duermo mejor. Hoy me levanté temprano, abrí la cortina y presen-
cié el despertar del barrio, su salir de entre la bruma. Más allá la ciudad,
luego el mundo. ¿Qué añoro del mundo exterior? ¡Ir al cine! ¡Comprar libros! Sí, adquirirlos, hacer mío el objeto. Sostener su peso entre las manos.
Pero eso fue hace mucho tiempo. Para leer una novedad no tengo que cumplir aquel ritual. Ahora leo libros electrónicos, tuve que acostumbrarme a
ellos a cambio de la inmediatez de conocer lo último que me interesa. Crecí
yendo al cine, conocí aquellos palacios inmensos que albergaban películas
inolvidables, me tocaron los programas triples de la matiné. Nada de eso
existe ya. Veo por mi ventana y no encuentro una razón válida para ansiar
salir. Todo aquello lo tengo aquí dentro. Mi memoria lo atesora y aún me lo
muestra, a voluntad, cuando lo necesito.

Hace un año cantaba con miles de personas. Un grupo de *rock* despertaba la
energía colectiva y nos devolvía juventud. Entre la multitud, tomaba fotos
de las gradas repletas. ¿Qué será hoy de los escenarios vacíos?

Seguiré soñando con viajes, templos y ceremonias, bailes y festivales,
música en vivo. Besos, abrazos, risas alrededor de una mesa.

27 de junio

¿Cuánto tiempo más miraremos pasar los días? En las noticias las pérdidas
se han vuelto moneda de uso común. Hay quienes permanecen aferrados al
encierro en aras de mantener la salud. Otros exageran quehaceres para apa-
ciguar turbulencias. Algunos se inventan una guarida de silencio para conser-
var la cordura.

Otros están obligados a salir.

Cada quien libra sus batallas.

Ayer jugamos escondidillas. Solía encontrar a mis hijos casi al instante. Pero
ya no. El jardín queda en silencio, los ojos buscan pistas entre las ramas; los
oídos, un sonido que delate el escondite.

En cuclillas, tras las azáleas, los observo.

Su mirada atenta, diciendo «Ya te vi», para ver si alguno cae.

Risas que florecen entre las macetas o que ruedan del aguacate.

Está la felicidad esperando que la encuentre.

29 de junio

Laura Un cielo renegrido anuncia tormenta. Los árboles de la barranca se miran entre ellos y sonríen. Yo, por el momento, no logro hacerlo. Ayer, nuestros dos hijos, tan extranjeros uno como el otro, nos advirtieron que no vendrán en diciembre. Nos perderemos otra etapa de las nietas. Ayer la covid nos condenó a la soledad de los viejos. La tormenta ha comenzado, me alegro por los árboles que ya se estremecen bajo el agua.

Julio

1 de julio

Eran las cuatro de la mañana cuando nos despertó el ruido de una alar-Raquel
ma. Esperamos el vaivén del candil, pero este nunca llegó. Todo estaba quie-
to, todo, menos los corazones que latían al ritmo de los temblores que
han marcado nuestras vidas. Sentí el peso de nuestra vulnerabilidad. Hoy
nos acechan otros males. Hoy la incertidumbre es la constante.

Corregía mi novela. Me puse de pie y aprisa me dirigí a algún lugar que Laura
olvidé en el camino. Entré en el estudio de mi esposo y le di un beso. Regresé satisfecha a seguir revisando lo escrito en otra vida. No puedo imaginar
mejor destino que ese.

Los pequeños gozos cotidianos. Acá llenamos cajas como si estuviéramos en Daniela
una mudanza. En cierto modo lo estamos. Mudando a otro modo de vida.
Se empacan juguetes, ropa, tacones altos, botas, libros infantiles y peluches.
Hoy, que salió la primera entrega al dispensario, sacamos las cajas con alivio. Dije adiós a los Snoopys de fieltro de mi infancia y que por tantos años
guardó mi hija. Adiós también a las medallas de mis gimnastas infantiles.
Cerramos cajas, cerramos ciclos. Seguimos enumerando despedidas.

2 julio

Hoy recordé el viaje que hicimos a Norogachi, a visitar la Clínica San Carlos, Maru
en Tarahumara. El padre Pancho nos esperaba con su gorra de piel, sus ore-
jeras y unos lentes oscuros, como de piloto de la Segunda Guerra Mundial.
Al iniciar el vuelo noté un pequeño agujero cerca de mis pies que me permi-
tía ver el abismo. El padre sonrió y me dijo que no me preocupara; tampoco
por la puerta que no cerraba del todo y ya había afianzado con un alambre
antes de despegar. Me pidió que tuviera confianza, que disfrutara del paisaje. Los cerros y las barrancas estaban cuajadas de pinos iluminados por el
sol naciente. Cuando aterrizamos, el alma, que andaba en ese cielo tan azul,

me volvió al cuerpo. Lo miré y pensé que nuestro piloto era un hombre feliz. Surcaba la sierra de cabo a rabo para acompañar a sus queridos rarámuris. Algunos años después su avión se desplomó.

Siempre recordaré su confianza para arriesgarse a vivir la vida, sin importar lo que esta le tuviera destinado.

Daniela

Volar y arriesgarse, ¿podremos hacerlo desde el confinamiento?, ¿podremos hacerlo regresando, cautelosamente, a los espacios públicos? Ayer por la tarde un camión de mensajería trajo el diploma de la universidad de mi hija. Grité de emoción y, al mismo tiempo, sentí llegar en ese sobre, en ese modo de envío, una entrega del futuro en pausa.

La extensión de la desesperanza.

Marina

Despacio llega la noche. Los pájaros han ido abandonando su trinar. Es curioso, pero antes ni siquiera los notaba. No sé desde cuándo están ahí, algunos anidando entre los cables de la luz y el transformador. Ahora oscurece y los pájaros callan, las calles se aquietan y el asombro se extiende. Se instala el conticinio. Esas horas de la noche en las que todo guarda silencio. Horas en las que puede escucharse, si estás atenta, el latir desacompasado del corazón.

También surgen las voces que guarda la memoria: «Abuela, ¿puedes venir? No hemos visto a nadie... Te extraño. Te lavas las manos y te quitas los zapatos». «Abela a quitas tapa a bocas», murmura la más pequeña. «¿Abelo dónde está?..., ¿dónde está abelo?...». Llevamos días, muchos días sin verlas; ya perdí la cuenta; sin poderlas abrazar, escuchando sus voces y sosteniendo sus miradas a través de una pantalla. Las resistencias se vencen, se aumentan los cuidados y, al fin, corres al encuentro. El corazón se acelera y late más y más fuerte. También en medio de la noche y su silencio. Hay un futuro que se construye con miedo. Me aferro al encuentro, a su recuerdo.

Mañana, antes de abrir los ojos, volveré a escuchar el canto de los pájaros. Saldré de la cama con la pereza del nuevo despertar. Estaré contenta. Mis hortensias volverán a mostrarme su fragilidad y su belleza. Comenzaré a extrañar. Seguiré los rastros del aroma del café recién colado y me toparé de frente con los rayos de sol, que intentan filtrarse por la ventana, aún dormida.

Transcurrirá el día, un día más de los muchos que faltan por venir contenidos entre las paredes de este hogar. Y llegará de nuevo la noche con sus largas horas de silencio. Y estaré atenta a las historias que se oculten en el nuevo conticinio. Quizá, si aguzo los sentidos, descubra entre las sombras una promesa y los pasos de una incertidumbre que se aleja.

5 de julio

Ha llovido. Los campos dan cuenta de ello. ¿A dónde se fueron el zacate y Sandra los cardos que se clavaban en los pies? Puedo andar descalza sobre un pasto suave. Los ojos se entretienen contando los verdes en las ramas.

Días luminosos que interrumpen los relámpagos.

Aprendemos a convivir con la incertidumbre, a la espera de los abrazos anhelados.

Agua hasta en los ojos.

Algo reverdece.

Cayó un diluvio casi bíblico. En el auto, ni los limpiadores, frenéticos, lo- Raquel graban despejar la lluvia para ver el camino. De las coladeras salía el agua a borbotones y el vaivén de las olas de una acera a la otra cubría el camellón. Me detuve. Sin prisa y, como un regalo de estos tiempos de encierro, aprendí a mirar el extraño encanto del paisaje urbano-naturaleza, que antes tanto me molestaba.

6 de julio

A las ocho de la mañana salimos rumbo a Ciudad Cuauhtémoc. Maru

Tierra agradecida que ha bebido la escasa lluvia para reverdecer los pastos.

En la plaza y por las calles la gente iba sin cubrebocas; el virus es, apenas, una leyenda capitalina.

De regreso, al lado de la carretera, nos topamos con un agricultor vendiendo jugosos duraznos de Casas Grandes a treinta pesos; más adelante, un productor de manzanas nos hizo señas para vendernos una reja a noventa pesos, y doce mazorcas de elote amarillo en cuarenta. Del otro lado de la carretera vimos otro más vendiendo cerezas y piñones. Ya no nos detuvimos.

Hombres de pocas palabras, piel curtida, sombrero vaquero y mirada agradecida. La falta de ventas los ha sacado a la orilla del camino.

¿Cuántas formas de sobrevivir se crearán con la pandemia? ¿Cuántas modalidades de compraventa o trueque? ¿Seguirán sembrando? ¿O se irán a traficar enervantes? ¿Habremos aprendido algo?

¿Cuándo podremos caminar sin dejar a nadie atrás?

Raquel   Me ha dado por escribir de madrugada. ¿Será por el insomnio, nuevo habitante de mis noches? A veces no sé quien soy y ando buscándome. En el otoño de la vida, una conmoción me arrojó de mi paraíso. Quizá esa neblina se disipe, no lo sé. Pero valdrá la pena sentirse viva, como quien se ha de tejer a diario los hilos del alma en silencio.

Las palabras fluyen mejor cuando los demás duermen.

El gato está pendiente de todos.

8 de julio

Laura   Leí, recapacité. No logré imaginar. Ayer alguien mencionó la tragedia que desde ahora marca a los jóvenes de entre quince y veintinueve años. Un año académico perdido, millones de trabajos desaparecidos y ninguna posibilidad de nuevas plazas. Pienso en ellos. Imagino sus rostros, lo que no abarco es su desesperanza y desamparo. Me duelen. Me duelen en todo el cuerpo, dolor que en nada mejorará su situación.

Raquel   El mundo que dábamos por sentado resultó ser más frágil que un encaje envejecido. ¿Qué futuro le espera a nuestros hijos y nietos? Comentaba con mi marido que quizá una de las ventajas de nuestra edad es que no viviremos para ver la debacle en toda su extensión.

Hoy prefiero seguir encerrada, segura como un bebé. Sin embargo, será preciso nacer. Atravesar un camino estrecho asida a un cordón que bien podría transformarse en dogal. El trauma del nacimiento no es otro que abrazar la vida gritando.

¿Tendrán los jóvenes el arrojo y la creatividad para renacer?

Veo los rostros de esos jóvenes. Los tengo en casa. Mientras yo me he quedado suspendida en un presente repetitivo, ellos siguen mirando al futuro. Comienzan a ser adultos y quieren sacudirse este presente. Sacudirse el confinamiento. Sacudirse a la madre. Caminar lejos, abrazar amigos, dejarse tocar por la vida. Daniela

¿Cuántas cosas dimos por sentado? Sandra
   Jugar a «las trais». Compartir una bolsa de frituras. Darnos la mano.
   Vino el virus a cambiarlo todo.
   No hay certezas ni rincón del mundo donde ponerse a salvo.
   Aun así, volvemos a encontrarnos.
   Cubierta la mitad del rostro.
   Con manos que se tocan transgrediendo recomendaciones.
   Ojos que a ratos sonríen sobre el cubrebocas, o se duelen.
   Deseando abrazos que nos salven en medio de la tormenta.
   Miradas en los ojos de los viejos que nos recuerden lo que somos.

Caminamos en círculo, formando una espiral. Repetimos la historia; contamos los mismos cuentos. Una y otra vez las mismas ideas, las mismas ansias, los mismos temores. Los mismos deseos de abrazar. Marina

14 de julio

Leo el documento que envía la escuela de mi hijo para el regreso. Clases semipresenciales y eso solo si es posible, cupo limitado, modalidad en línea... Daniela
   Siento nostalgia por la juventud de mi hijo. Algunos dirán *Ustedes son afortunados*. Sin embargo, decido llorar.

15 de julio

Ayer se registró casi un muerto por minuto. Raquel
   Obscuridad.

Ya no puedo mirar paisajes a través de la ventana; me avergüenza vivir entreteniendo el tiempo.

¿Cómo abrazar a tantas familias cercenadas? ¿Cómo consolar amores huérfanos?

¿Cómo tolerar la impavidez de unos y la inconsciencia de otros?

¿Cómo entender, si no hay respuestas?

Dolor y llanto es lo único que tengo que dar en esta mañana de luto.

Laura Se les llama pandemias. Muchos otros, lejos en tiempo y lugares, han pasado por esto mismo. La historia dice que se encerraban en mansiones y palacios, aislaban sus ciudades tras gruesos muros de piedra, hacían promesas, se flagelaban, imploraban alivio murmurando plegarias y promesas imposibles de cumplir. ¿Aquella fe ayudaría a sentir menos miedo?

Ayer R me preguntó si me consolaba pensar que no somos ni seremos los únicos en sufrir una epidemia. Mi respuesta fue contundente. Cuando, año tras año, nos preparamos para celebrar nuestras fiestas milenarias, mientras cierno la harina, pienso en otras mujeres que harán lo mismo hablando diferentes lenguas y me siento acompañada en mi orfandad. Imagino a una madre generosa cubriéndome con el mismo velo que a sus otras hijas para recibir la bendición. De igual manera, cuando me ahogan el miedo, la incertidumbre y el aislamiento, me allego a esas hermanas que sufren esta pandemia y se me aligera la tristeza.

16 de julio

Daniela 16 085 kilómetros. Tal es la distancia que me separa de mi hermana.

Me cuenta que hoy iba en su moto y una serpiente de dos metros apareció en su camino. Siguió de frente, apenas rozándola; aceleró mientras el tiempo pesaba y la escena se extendía. Hace unos meses estaba con ella, ambas con nuestros cascos recorriendo los arrozales. Mi cabeza apoyada en su espalda.

Su respiración hoy tan lejana.

Más tarde, vuelve a llamar. Ahora desde un café. Se escuchan risas. Cuando regresa a conducir su moto, siento el aire en el rostro. Me habla de amigos y de paseos. Me regala vida de la que conocíamos antes, con grupos de niños en un jardín. Quiero que se quede en esa isla, que no se mueva, que siga regalándome relatos del mundo de los abrazos y los afectos. Donde los niños solo se contagian piojos.

Zambullirme, ir y venir en el agua fresca cortándola con brazos y piernas. Cuarenta vueltas. Dos más sin tomar aire para expandir los pulmones. Después quedarme quieta contemplando el atardecer y algunas nubes tímidas que acerca un viento tenue. Me acompañan las golondrinas que nadan en el cielo. El sol incandescente baja despacio. La transparencia del agua me emociona, igual que los reflejos de los rayos que titilan sobre ella. Es tal la belleza y la quietud que me circunda, que podría morir en este instante.

19 de julio

Los días siguen confundiendo su turno.

Con todo y su confusión, la fecha llegó. Hoy hace cincuenta años nos casamos. *Aunque han pasado los años nunca ha pasado aquel día.* También era domingo. El borde del parque lo ocupaban decenas de puestos vendiendo los más variados objetos. Antes de llegar al departamento donde dos mujeres de la familia me ataviarían, nos detuvimos a recoger un talismán que para esa fecha nos había tallado un sudafricano quien, al son de «beso a la novia», me plantó en la mejilla uno bien sonoro. El recuerdo de aquella mañana, como un estallido de luz, inunda mi memoria. Revivo la ceremonia, la comida griega, recorro a los diecisiete invitados y me río al acordarme de la noche de bodas. Hacía días que tosía sin cesar debido al embate del heno. La fiebre me subió más allá de los límites seguros y mi anhelado esposo salió en pos de un antibiótico recetado por teléfono. Ni entonces, en aquella duermevela agitada por la fiebre, habría imaginado que cincuenta años después celebraríamos esta fecha confinados, solos, viendo este cielo gris que amenaza con su lluvia. Aun así, agradezco tantos años de gratísimos momentos; los de tremendas tragedias procuro dejarlos del otro lado de la puerta. Hay tardes en que debo tener cuidado de que no se cuelen dentro.

20 de julio

Daniela Imagino a L y su amor me toca. Como en los abrazos que antes nos dábamos. Esos cincuenta años me conmueven y pasan por mi mente las historias del largo recorrido.

Recuerdo mis múltiples amores, mis vestidos de novia, mis ceremonias. Una en un exconvento de pueblo, otra en el jardín de mi casa. Los colores pierden nitidez. La familia que arropé se descobijó.

Hoy me resguardo en la armonía de un compañero amoroso.

Los hijos crecen y se parecen más a mí.

Incluso los que no parí.

21 de julio

Sandra Tenemos tiempo para recorrer nuestra morada. Quedan al descubierto los desperfectos:

Humedades y muros agrietados.

Racimos de cables que no conducen nada, otros sacan chispas.

Tratamos de resanar algunas cosas. Pero estamos más solos que nunca.

La melancolía gotea en algún rincón.

Laura Releo el texto de S con calma, no solo para enterarme de lo escrito. Ahora lo repaso con atención y descubro a la niña que temprano debió aprender de su padre arquitecto palabras importantes: resanes, grietas, cimientos. En ellas adivino cuánto debe añorar darle un abrazo.

Laura Algunas callan. Las comprendo. Hemos transcurrido por una etapa desconocida que no deja de azorarnos. Este mes de julio el miedo antiguo ha dado paso a un nuevo reto. ¿Qué haremos en el futuro? ¿Correr el riesgo de salir? ¿Guardarnos hasta la aparición de una balbuceante vacuna que la humanidad se arrebatará? ¿Quién nos puede aconsejar? ¿Existe alguien que ofrezca una certeza? ¿Hacia dónde apuntan las brújulas que hace meses perdieron el norte? Quienes callaban han vuelto a hablar. Sonrío acompañada.

Las palabras se extraviaron, igual que los sentimientos. Quizá sea el calor; Maru
tal vez, la densidad de la incertidumbre. No solo del virus o de la nueva forma de vivir el mundo, sino del rumbo de mi propia vida.

Escarbo en los armarios para tirar lo que no se usa, despejar y ordenar. A veces de manera obsesiva.

Al menos me distrae de lo que tengo que sacar, ordenar y despejar en los estantes del alma.

Qué difícil. Que difícil encontrar las palabras. Si tan solo encontrara una. Marina
Tan solo una. Alguna que describa, con precisión de relojero, este pasar de las horas tan incierto. No puedo, sencillamente, no puedo. Me rindo.

Este virus no solo me robó las palabras, me robó también la libertad. A otros —muchos—, la vida.

Las palabras reaparecen en esos sitios de la casa que vamos descubriendo. Daniela
Escucho murmullos entre las lavandas, secretos bajo las almohadas, esdrújulas entre los rincones de las lagartijas, palabras sueltas entre los álbumes de fotografías.

Palabras altisonantes en el cubo de la basura, palabras amorosas en los pliegues de la ropa doblada.

Las arañas se esconden silenciosas. Prefieren callar para pasar desapercibidas.

23 de julio

En este mundo paradójico, al lado del dolor, la muerte y el hambre han florecido la creatividad, la imaginación y la solidaridad. Maru

Cada quien, desde su espacio, se enlaza y hace su parte.

Veintitrés artistas de diversos países bailan, desde las bañeras de su casa, *El lago de los cisnes*.

Un cantante de ópera, en Italia, obsequia su voz para agradecer al personal médico.

La Sinfónica de México interpreta el *Huapango* de Moncayo en perfecta sinfonía virtual.

En Australia, una mujer de ciento dos años se lanza en paracaídas en apoyo a los enfermos de parálisis cerebral.

A diario se hacen retos para juntar despensas, cubrebocas, caretas o apoyos económicos.

Por primera vez trabajan en coordinación miles de científicos en todo el mundo.

Los museos y las bibliotecas abren sus puertas virtuales.

Se escriben textos en colectivo.

Se canta para protestar.

Se hacen misas, meditaciones, coros o rituales a la madre tierra.

Esperanzas lanzadas al viento; destellos de luz sobre nuestras sombras.

24 de julio

Sandra Sí, echo de menos a mis padres.

Esta clausura impuesta despierta antiguos dolores. Tendremos que atravesar los propios desiertos. Las tundras blancas.

Ya antes nos hemos sobrepuesto al crujir de huesos porosos.

Al soplo de arterias que, silenciosamente, tramaban algo que no fue.

Al insomnio después de un suspiro prolongado largo tiempo, tiempo de silencio y labios azulados.

Ya antes nos hemos sobrepuesto al miedo.

Ahora este espacio se tiende entre nosotros como promesa de abrazo. Como oración antes del quirófano, como plegaria en la mesa de cocina.

Se extiende la tundra desierta en la ausencia de caricias. Y palpita en el silencio un beso sin palabras.

La primavera volverá.

Laura Mi querida compañera S escribe desde el fondo de la soledad. Me pregunto cómo acompañarla sin darle un abrazo, sin vernos a los ojos para convencerla de que no está sola, de que todas dudamos, que la incertidumbre nos corroe de igual manera. ¿Dónde se generan la empatía, la compasión y la piedad? ¿Desde cuándo? Los primates, lo hemos visto, sufren por el otro, se protegen entre ellos. Los delfines rodean a un compañero herido.

Los elefantes pasan periodos de duelo cuando un miembro del rebaño muere. Nosotros aprendemos desde niños a consolar con un abrazo, ¿qué hacer cuando está vedado?

Muchos hemos dicho: no sabíamos que éramos felices. Si hubiéramos sabido que todo aquello estaba a punto de acabarse, ¿qué habríamos logrado hacer?

Abrazarnos más. Diez, cientos de veces más. Hasta dejarnos tatuadas en la Marina piel, los recovecos del alma y la memoria las huellas de los abrazos. Y recorrerlas, después, despacio, muy despacio, con los latidos del corazón.

26 julio

Se acerca el contagio. Mi esposo y mis hijos han tenido que hacerse la prue- Maru ba. Hasta ahora solo ha tocado a una sobrina. También a personas cercanas que el virus condenó a muerte.

El miedo se ha mezclado con el hartazgo del encierro y la lejanía, con la urgencia de la palabra que nutre y la mirada que abraza. Por ello, en un acto de rebeldía, siete amigas, jubilosas y furtivas, nos pusimos cubrebocas y nos reunimos en un jardín. Tres metros de distancia entre cada una. Un termo personal para beber y unos jugosos duraznos que evitaran tocar vasos y platos. Fue una tarde de viento fresco. El miedo desapareció avasallado por el gozo de compartir un par de horas; por la certeza de que nuestro lazo se sigue tejiendo a pesar de los pesares, o quizá debido a ellos.

Para el cumpleaños de A, nos sentamos en un salón de una casona porfiriana. Daniela Copas de vidrio esmerilado en mesas de madera... menús en códigos QR y meseros con caretas. La delicia de regresar a un restaurante y el signo de los tiempos: la distancia social. Elegimos un lugar aislado junto a la ventana abierta.

Un postre de cacao con yerba santa para terminar. Saboreé cada bocado. Las anécdotas del cumpleaños, imposibles de relatar.

Regresamos a casa felices.

Por la noche A no pudo dormir. La semana siguió su curso y el insomnio se le instaló. Quiso culpar al dulce de cacao. Días después, ante el dolor de cabeza, marcamos el número de asistencia covid. Acotaron las respuestas de A en síes o noes. Síntomas insuficientes.

Él vuelve a dormir, pero yo no.

Me he contagiado de insomnio y de miedo.

27 julio

Laura Yo no pude hacer lo mismo que mis queridas compañeras. No me atreví. No me arriesgué. No quise. Un grupo de amigos planeaba una reunión al aire libre y yo me negué, mi esposo aceptó quedarse luego de cierto forcejeo. Defendí mi posición a capa y espada. Terminé exhausta. Duermo sin sobresaltos y de corrido, aunque sé que este bienestar será pasajero. Vendrán nuevas batallas.

Laura En el pretil del balcón de enfrente se posó un palomo. ¿Cómo sabes que es macho?, preguntó mi esposo. *Luego se le ve...* Era un ejemplar bellísimo de plumaje casi azul. Se quedó allí un buen rato reflexionando, viendo a un lado y a otro. Mi esposo aprovechó para tomarle varias fotografías. Al verlas a detalle, descubrimos que llevaba una pata anillada. Algún estudioso de poblaciones de aves se lo había puesto. Su existencia constaba en un registro. Reflexioné viéndolo reflexionar. Allá afuera continúa un mundo al que alguna vez pertenecí. Me acordé de mis años en el herbario de Kew. Del sinfín de excursiones para colectar plantas, del olor de los laboratorios, de las rampas de la facultad... todo aquello lo viví, pero nadie anilló mi tobillo para dejar constancia de mi paso. *Tendrás que confiar en mis palabras.* Volví la mirada hacia el balcón, el palomo ya no estaba. Le deseé una larga vida en ese mundo al que él sí puede regresar.

29 de julio

Daniela Me asomo a otro mundo, al que espera del otro lado de las flores y los colibríes. Cada semana hablo con personas que han perdido su trabajo por la pandemia. Vecinos míos, el que atiende la recaudería o el del carrito de los helados. Escucho sus relatos entretejidos con la falta de agua, los despidos sin liquidación, hijos con discapacidades, adolescentes embarazadas y clases en línea desde un viejo celular. Siempre les doy las gracias. Escribo sus historias para una organización que los apoya. Están llenos de carencias y, sin embargo, ninguno se detiene. Hago a un lado mi llanto.

Prolongo las conversaciones para olvidar las muertes y rescatar las vidas.

Desde siempre, E y yo celebramos la primera vez que hicimos el amor. Hoy es nuestro aniversario. De regalo le escribí «Cuaderno de Cuarenta Años», basado en poemas y notas que nos fuimos entregando. Son nuestros recuerdos entrelazados con deseos y fantasías.

«Y entonces se conocieron…

En una habitación cerrada al universo, con polvo de estrellas sellamos la puerta.

¿Cómo inicia el amor?

Como quien resucita tras largo sueño y, entre besos, repite en silencio: estoy vivo».

«¿Te has fijado, amor, que en nuestro encierro causado por un mundo girando a locas, la vida nos regaló un tiempo distinto para mirarnos de nuevo en la intimidad?».

«Hacer nada contigo. En la vida, contigo nada hacer. Contigo en la vida, nada me gusta más».

30 julio

«Cambia lo superficial, cambia también lo profundo, cambia el modo de pensar, cambia todo en este mundo…» escuché en mi celular. Mi piel se volvió joven y mi voz firme: la utopía estaba a la vuelta de la esquina. Y fuimos a buscarla con el corazón ilusionado, pero cada vez se alejaba más.

Después vino la vida en pareja, los hijos, los nietos, el cariño infinito; nuevos amigos, algunas desilusiones, momentos de dolor abismal y unas cuantas certezas.

Y nos volvimos más humildes para desear, más cautos para prometer, más indulgentes para perdonar y más compasivos para juzgar.

Hoy el mundo ha vuelto a cambiar de tajo. Y en medio del absurdo y el dolor, vuelven cantos olvidados que reavivan el corazón.

«Y lo que cambió ayer, tendrá que cambiar mañana, así como cambio yo en esta tierra lejana. Cambia, todo cambia...».

Sandra Cumpleaños: uno hoy y otro mañana. El tiempo en el espacio. ¿Dónde es hoy? ¿En qué lugar del universo estamos para vivir este instante?

Cumpleaños como pretextos para recordar y para hacer planes. Días que amanecen entre canciones y abrazos, leyendo tarjetas y abriendo regalos.

Todo cambia.

Uno concluye una década, otro suma luz en los ojos. Deseos de todos centellando en las velas del pastel.

Ganas de abrazar, ganas de invitar, ganas de apagar los miedos y acurrucarse en los brazos de la familia que no hemos podido ver.

Cumplir. Concluir. Estrenar.

Años que son destinos bajo las estrellas para seguir sorprendiéndonos bajo el tiempo infinito.

31 de julio

Laura Hoy no sé cómo enfrentar el día ni el resto de mi vida.

Agosto

1 de agosto

Insomnio. Raquel

Tal parece que el cuerpo se hubiera declarado en rebelión. Harto de la tranquilidad de la noche, sus ritmos tañen notas disonantes. Tambores en lugar de liras. La respiración inventa sus propios compases, perturbando la armonía. Se esfuman las certezas. El pensamiento trastocado vaga en el espacio donde la mente da cuerpo a un delirio ataviado de amuletos y desnudez. Un delirio hecho con pinceladas en los tonos del miedo y el sabor a sal.

Los ojos bien abiertos en la oscuridad nada ven, pero no deben cerrarse.

No vaya a ser que la muerte los pille desprevenidos.

3 de agosto

Sobremesas. Tres generaciones reunidas compartiendo recetas y recuerdos Sandra
de adolescencia. También la incertidumbre de lo que será. Cuentan historias de los abuelos; los nombres de sus hermanos suenan antiguos.

¿Habrá sido correcto reunirnos? ¿Romper la distancia? ¿Dar un beso?

Se teje en la sobremesa una memoria de ancestros que sobrevivieron otras noches largas. Algo de la culpa se disipa.

Nos conforta la perspectiva de ser otros, de ser muchos. De no estar solos.

Volvemos a casa con el corazón sacudido, pero sin lágrimas.

4 de agosto

A veces, además de las noches, los silencios se tornan largos. Pareciera que Maru
Tácita Muda, la diosa romana del silencio, nos hubiera mandado callar. Pero no es Júpiter quien amenaza cortarnos la lengua, sino nuestro asombro, los temores agazapados, la tristeza ante la falta de consideración hacia nuestros sentimientos.

 Ya casi no encuentro silencios. Me he llenado de voces, las que escucho en los relatos que me cuentan, las de asiduas conversaciones telefónicas, las del desconsuelo y el consuelo. Las palabras de los libros, las de mis amigas. Escucho a A conversar sobre budismo, escucho a mi hijo tocar sus primeras notas en el piano, escucho los trazos de mi hija.

Algunas palabras irrumpen en las noches y para acallarlas recurro a otras palabras. Escucho historias ajenas para olvidar las propias. Quiero olvidar la mujer que fui, la mujer del eterno sí. Quiero borrar los *pinches viejas* y los *no mames*. Quiero dejar de ser lo que fui.

Armo con nuevas letras la mujer que ahora soy.

 ¿Quién soy? ¿Quién fui? ¿Quiénes seremos? De nuevo el pasmo, el terror y el vacío desconocido hasta ayer. No habrá bala de plata. Nada acabará con el virus. ¿Cómo enfrento este día con semejante desasosiego?

Dímelo tú.

 Sobre sus rostros caen las sombras. Llevan cerca de seis meses, seis meses, con sus eternos días, casi sin salir. El mundo exterior se les diluye.

Hartas, aburridas, enojadas y tristes. Sienten que les han robado un trozo de su vida. De esa vida que, por su edad, intuyen ya no muy extensa. «Este virus a quienes más daño ha hecho es a nosotros, los viejos», dice una; «¿Qué volveré a vivir y qué no?», dice otra; «Tengo miedo de no volver a viajar y ya nunca abrazar a mi hija», dice otra más; «El día menos pensado me escapo por ahí y que me dé lo que me tenga que dar, de algo me he de morir». Y así, voces tras voces murmuran los terrores y las pérdidas.

Es difícil parar de llorar.

 ¿Me configuro de mis omisiones y silencios? ¿Soy aquella que podía respirar el aire de un extraño en el transporte colectivo? ¿Aquella que podía apretarse en la Feria del Libro, emocionada por escuchar hablar a su escritor favorito?

Descubro desde la distancia física nuevos modos de sentir el aliento de otro. Escuchando historias, tejiéndolas en solidaridad.

9 de agosto

Las palabras aguardan desconfiadas en el fondo del cajón. ¿Tanto las han asustado las teorías de los científicos que presagian una eterna epidemia?

Las palabras cruzan el umbral de casa. Se filtran a través de los cubrebocas. Hemos vuelto a salir y volvemos a mirarnos.

En mi casa las palabras volvieron a ser canto. Emiliano regresó. Su risa fue simiente de regocijo y sus ojos, luz de amanecer. Hoy se fue.

Justo el día en que llegó la noticia de que el virus vuelve a rondar la casa.

El semáforo naranja entreabrió las puertas de la convivencia y de la imprudencia. Ahora vendrán las pruebas, los desvelos y la acuciante observación de síntomas.

Siento como si estuviera, aunque suene trillado, en el ojo del huracán. A mi alrededor el mundo gira frenético y, en mi interior, una quietud inexplicable.

La nueva normalidad se llama incertidumbre.

«El virus coronado vuela por todo el mundo», dice una nueva canción rarámuri. «Nos tenemos que cuidar unos a otros», agrega. Y yo sigo encerrada en la calma chicha, sin saber si el virus coronado se ha instalado en mi casa o solo en la alcoba del desasosiego

10 de agosto

Mi hijo trabaja en casa, inmerso en el brillo de pantallas. Reuniones, juntas programadas, preguntas y respuestas en cascada; presencias virtuales que exigen atención constante, sin horario establecido. En el tiempo de la oficina se mezclan el hoy, el mañana y el ayer, eliminando las barreras entre el trabajo y la vida familiar, también regida por la escuela en línea.

Esta nueva normalidad ni Orwell la imaginó.

11 de agosto

Cierta reconciliación con la propia fragilidad, con la certeza de que somos fugaces, va sedimentando en las aguas turbulentas de la duda. Comienza a emerger una claridad que nos obliga a pensar cómo queremos vivir. Vivir de verdad.

13 de agosto

Añoro aquellos tiempos cuando realizar un trámite era un fastidio. Hoy, ir a cambiar las placas del auto es tan peligroso como lanzarse a practicar un deporte de alto riesgo.

19 de agosto

La llegada del virus a nuestro país coincidió con el anuncio clínico de mi menopausia. Por años fue anticipándose de modo silencioso, otras veces contundente, trastocando mis rutinas y mis interacciones.

He borrado el recuerdo de aquel día y sin embargo a veces vuelve a dibujarse. A pedir presencia.

Él me besó.
Me abrazó.
Susurró.
De pronto se detuvo.
Había un charco de sangre en mis pies.
Sobre el piso del baño.
Él corrió al excusado y vomitó.
Perdí la voz.
Perdí las lágrimas.
Me tragué la rabia.
Habría de vomitarla muchos años después.

20 agosto

Manto de recuerdos, bordado de colores y emociones confundidos. El miedo anudado a la memoria. A veces el hilo del dolor tira tan fuerte que casi nos rompe. El hilo del miedo tiene su propio tono. Es grueso y áspero. Se percibe siempre al tacto.

En ocasiones los hilos forman grecas, patrones que se repiten rítmicamente; otras, si tomamos distancia, quizás podamos distinguir un paisaje. Puede haber animales escondidos, algunos vuelan a través de la tela.

He terminado de tejer. Ahora coso para unir lo que durante meses entretejí. Con seguridad, al terminar, comenzaré una nueva labor. Entrelazaré otras emociones, otros colores, otro sentido. Una historia distinta. Con un futuro incierto. Más incierto que nunca. Llevará, quizá, entre su trama, otras lágrimas, nuevas ternuras, distinta la sonrisa; y tal vez, también otro destino.

El aire sacude las palabras que vuelan insidiosas.

El ventarrón arrecia.

Las palabras golpean, arañan o se anidan buscando tiempos propicios.

Palabras deslavadas, discordantes, deshiladas.

Cada quien en su claro del bosque listo para disparar la bala de plata con su lengua de fuego; con la pólvora que el tiempo no ha humedecido.

Al menos el silencio da tregua aunque duela, aunque traicione.

Habrá que plantarle cara al monstruo para que engulla las injurias y se lleve los silencios. Quizá entonces encontremos el amor extraviado en el alud de frases huecas y promesas incumplidas.

30 de agosto

Mi madre ha dicho que es momento de reunirnos. Prefieren correr el riesgo.

Añoro el modo en que mi padre gira la cabeza para escuchar y la manera en que mamá busca apoyarse en mi antebrazo al caminar.

Quiero verlos. Temo arriesgarlos. Tengo miedo y pena y coraje.

¿Dónde queda la línea que divide la responsabilidad del amor? No alcanzo a verla.

Por la noche dialogo con mi culpa. Me escucha llorar, pero no se va. Tal vez no se vaya nunca.

Voy a abrazar a mis padres. Es momento de reunirnos.

Septiembre

7 de septiembre

Desde hace cinco meses, seis, no lo sé, he perdido la cuenta, a las ocho de la noche, puntualmente, los vecinos de la calle en donde vivo abrían ventanas y balcones y salían para aplaudirle a todos aquellos que día tras día se enfrentan a la enfermedad y a la muerte. Una campana marcaba la hora y las notas de una trompeta invitaban a salir. Un minuto de aplausos y vivas continuos y, luego, alguna pieza musical para alegrarnos el corazón. Hace unos días cesaron los aplausos y se detuvo la música. Coincidió con la llegada del mes patrio. Pareciera como si de pronto salir a reconocer el esfuerzo hubiera perdido sentido. Como si nos hubiéramos acostumbrado, en este mundo tan sin razón, a la muerte y al dolor.

10 de septiembre

Es domingo, el día amaneció cálido. Vamos a caminar al parque para ha- cer un poco de ejercicio. Está lleno de jóvenes tomando café, de niños en patines y carriolas. Las personas mayores traemos cubrebocas, aferrados a alargar la vida; la mayoría de los jóvenes pasean sin protección, dispuestos a arriesgarse y arriesgar.

Para algunos la pérdida de movilidad y cercanía es nueva. Para otros siempre ha sido así. Se escondía en el vertiginoso correr de los días. Tal vez este virus vino a abrirnos los ojos.

15 de septiembre

Ahora recurro a ella solo de vez en cuando. Antes lo hacía a todas horas en busca de aire fresco, de respuestas, de compañía, de tranquilidad o de alivio, pero mirar por la ventana requiere de tiempo y de aquel ineludible impulso de no hacer nada. De no moverse, de solo esperar. Largos fueron los ratos de otear el horizonte, inmóvil como los gatos, ¿los han visto en el alféizar de una ventana, acodados con sus manitas debajo del pecho como solo ellos saben hacerlo? Impávidos, mirando a través de sus misteriosas pupilas verticales. ¡Quién como un gato!

Aquellos días que recordaré como una niebla asfixiante han pasado. Imposible precisar cuándo salí de aquel marasmo y recuperé la actividad.

Volví a escribir. A ese día sí debí ponerle fecha.

Sé que debo recuperar la vida, pero no me atrevo a dar un paso afuera. El riesgo sigue al acecho.

Durante los primeros meses de confinamiento, cuando la melancolía se adueñó del mundo, no faltó quien dijera que de esta saldríamos siendo mejores; me parece que el augurio no se cumple.

Todo sigue siendo incierto. H. P. Lovecraft, experto narrador del miedo, escribió: «De todas las emociones humanas, la más antigua y más poderosa es el miedo, y de todos los miedos, el más antiguo y más poderoso es el miedo a lo desconocido».

Y, aun así, hay días en que amanezco feliz, después de un sueño amoroso y esperanzador. Deseo que mi ánimo así se mantenga.

17 de septiembre

Raquel Duelo

Me soñé a bordo de una barcaza. Luchaba por seguir navegando en un mar embravecido, sin saber cuándo pasaría la tormenta. El viento ululaba palabras que me desgarraban: muertos, nuestros, cien mil y más...

Laura Amanece y las nubes impiden el paso del sol en este día que tampoco sé cómo enfrentar, ni si habrá «resto de mi vida».

18 de septiembre

Maru La espera suele ser desierto de incertidumbre. Desliza los sentimientos desde lo recóndito hasta la desmesura. La imaginación galopa sobre el miedo y se enzarza en las espinas de la conspiración o el abatimiento. ¿Quién podrá sosegar el agua? ¿Quién mirar en su reflejo las palabras que claman ser poema? Un poema tan nítido que nos despoje de lastres sombríos y pleitos vanos, que aliente la esperanza y haga asequible la ternura.

¿Seremos capaces de rimar con lo diverso?

¿De escribir con belleza el soneto de nuestra congoja y el de nuestra gratitud?

Quizá nos ayude a descifrar los signos de los tiempos.

Hoy la fragilidad de la vida no tiene dónde esconderse. Tampoco nuestra conciencia. Pero aún tenemos la poesía para acogerlas.

Mi hermana regresó temporalmente. Caminamos por un parque y no pude Daniela abrazarla. Los miles de kilómetros en pausa.

También, después de meses de distancia social, volví a ver a dos amigas. Nos sentamos en una terraza recibiendo los embates de un viento helado. Recordamos el tiempo en que criamos juntas a nuestros hijos. Nuestras ilusiones de entonces, nuestros matrimonios perfectos y nuestro esmero por las piñatas más hermosas.

Creíamos ser felices.

Pero ya no lo sabemos.

La certeza está en la felicidad de estos minutos.

Brindamos por este hoy, sin matrimonios perfectos, con madres fallidas y mujeres desmoronadas.

Este hoy de hijos, parejas y amigas que sostenemos y nos sostienen.

La escuela volvió a casa y los niños a levantarse con el sol. Una rutina dis- Sandra tinta se va fraguando. Vuelven las tareas y la tiranía del reloj. El horario es a veces una prisión dentro de otra prisión. Qué ganas tengo de echar a correr. Pero ¿a dónde? Mi mente es un segundero girando sobre su eje. Tic tic tic.

Los días se parecen tanto que los confundo. Busco el mar. El horizonte se desdibuja.

Algo cambió definitivamente, pero no logro distinguir qué es. ¿O soy yo? ¿Nosotros?

Teníamos el manto de la memoria como abrigo, pero ahora que nos vamos despojando del encierro, miramos alrededor sin reconocernos.

Ha concluido el tiempo de la crisálida.

Hay que ver qué haremos con esto que algunos llaman alas.

Marina Se acerca el otoño. Llegará precedido por aguaceros torrenciales, pero el otoño siempre trae consigo una belleza distinta. Más serena.

En estos días ya no se oyen con la misma frecuencia los sonidos de la marimba ni el acordeón ni las tamboras. Los músicos callejeros deben recorrer otros espacios ahora ya más visitados.

Me hubiera gustado ver a las notas musicales perdiéndose a la distancia entre las hojas arrastradas por el viento.

Quizá sea el momento de comenzar a salir. De ir poniendo un pie tras otro y adentrarse en algún parque. Pero no se volverá a ver ni a respirar igual. Ahora nuestra mirada se filtra a través de una careta y el aire se detiene al toparse con una máscara que te dificulta respirar.

Quiero ver las hojas desprenderse y caer con calma, esperando la llegada del viento para flotar arremolinadas hacia cualquier lugar. Espero poder dar los pasos necesarios para pasarles por encima, tomada de la mano de mis niñas, y jugar escuchando su crujir.

Trataré de salir dejando al miedo acurrucado en algún rincón.

21 de septiembre

Raquel Comenzó el otoño y los árboles ya se desnudan de su ropaje. Caminar entre la naturaleza es ahora el oasis de nuestros días. Mi esposo y yo, de la mano, nos adentramos en el paisaje vivo de incontables colores tierra, donde cuerpo y alma van renovando su energía y serenidad. Paso a paso vamos descubriendo el camino, cuyo trayecto no se avisora a la distancia.

23 de septiembre

Laura Este Año Nuevo, 5781, me encuentra cambiada. No soy la de ayer ni la que pude ser mañana. Hoy, más que nunca, agradezco nuestra buena fortuna. El feroz virus pasó rozándonos con sus alas de muerte. Las precauciones, mil veces repetidas, surtieron efecto. Nos protegieron. La tercera persona que habita este departamento dio positivo para SARS-CoV-2; nosotros, negativo. Todos aislados bajo el mismo techo. Apandados, me obliga a decir mi tradición de estudiante de allá por 1968. Para esta festividad de Año Nuevo no hubo harina para cernir, pero sí velas que encender y bendiciones susurradas con un profundo agradecimiento.

Las autoras

DANIELA BECERRA

Desde niña se refugia en las palabras leídas o escritas. Ha publicado en *Literal Magazine*, *Nagari*, Escritoras Mexicanas, *Reforma*, *El Financiero*, *Harper's Bazaar* y *Elle*, entre otros medios. Editó *Alcanzar el vuelo. Responsabilidad social en las empresas*, editado por Cemefi. Aunque siempre quiso estudiar Letras, es licenciada en Comunicación y cursó la maestría en Desarrollo Humano.

MARÍA EUGENIA FALOMIR

Estudió Antropología Social y la maestría en Ciencia Política. Andando por el camino de las ciencias sociales, se topó con la literatura. Sintió el gozo de escudriñar las palabras y jugar con ellas y vislumbró una nueva manera de abordar la realidad, sin ataduras. Públicó en Editorial Planeta su primera novela, *Cuando llegue la lluvia*.

SANDRA GARCÍA BRINGAS ALBERT

Considera que universo es lenguaje. Disfruta escuchar, leer y escribir historias, sobre todo en invierno. Sus hijos son su inspiración para decir el mundo. Estudió Educación en la Universidad Iberoamericana y trabaja desarrollando material educativo.

RAQUEL STOLARSKI

Nació en México en 1948. Apasionada abuela de tres niñas. Durante sus primeros diez años de vida profesional ejerció su carrera como psicóloga social; las siguientes cuatro décadas las dedicó a crear esculturas en vidrio, que ha expuesto en México y en el extranjero. Su libro *La piel traslúcida*, una retrospectiva de su obra, acaba de ser publicado. En los últimos años se enfrascó en el oficio de escribir, inclinándose por la novela.

Marina Talanquer

Estudió la licenciatura en Periodismo y Comunicación Colectiva en la UNAM y la maestría en Creación y Apreciación Literaria en Casa Lamm. En su primera novela, *Solo queda despedirse*, aborda el tema de la Guerra Civil y el exilio español en México desde una mirada íntima y poética.

Laura Vit

Es mexicana del entonces D. F. Estudió Biología y años después Literatura en la UNAM. Escribió cuentos hasta descubrir el placer de narrar largas historias. Procura no acumular dos días sin dedicarse a ello. En esta primavera atroz de 2020 se ampara bajo el manto que le ofrece la palabra. Es autora de *Giordano Bruno. Forastero en el Universo* y *Demonio del mediodía*.

Palabras entrelazadas se terminó de imprimir
en diciembre de 2020 en los talleres de
Ultradigital Press, S. A. de C. V. Centeno 195,
col. Valle del Sur, Iztapalapa, C. P. 09819, CDMX.
Para su formación se utilizaron
tipos Alegreya de 11 puntos.